Die Deutsche Bibliothek – CIP-Einheitsaufnahme

Ein Titelsatz für diese Publikation ist bei
Der Deutschen Bibliothek erhältlich.

Es ist nicht gestattet, Abbildungen dieses Buches zu scannen,
in PCs oder auf CDs zu speichern oder in PCs/Computern zu verändern
oder einzeln oder zusammen mit anderen Bildvorlagen zu manipulieren,
es sei denn mit schriftlicher Genehmigung des Verlages.

Gedruckt auf chlorfrei gebleichtem Papier.

© 2002 Pattloch Verlag GmbH & Co. KG, München
Herstellung, Satz und Layout: Ruth Bost, Pattloch Verlag, München
Reproduktion: Repro Ludwig, A–Zell a. See
Druck und Bindung: Uhl, Radolfzell
Printed in Germany

ISBN 3-629-00927-1

Angela Reinders

Das MamaPapaBabyBuch

Illustriert
von
Antonia Nork

Pattloch

Bist du ein Junge oder ein Mädchen?

Weißt du, wie ein Kind aussieht?
Ja, klar weißt du Bescheid.
Ein Kind hat Arme, Bauch und Hals,
die wachsen mit der Zeit.

Der größte Stropp an deinem Fuß,
das ist der dicke Zeh.
Das weiß ich und ich sag's dir gern,
wann immer ich ihn seh.

Das große Rund unterm Pullover,
das ist ja dein Bauch.
Der Nabel sitzt da mittendrin,
das weißt du sicher auch.

Die Frau hat eine Scheide vorn,
den Penis hat der Mann.
Das ist beim Mädchen
und beim Jungen
gleich von Anfang dran.

Der Arm heißt Arm, der Po Popo,
das dürfen alle kennen.
Und ist der Körper noch so klein:
Man darf's beim Namen nennen.

Weißt du, wie ein Mensch aussieht,
so ganz ohne was an?
Das Mädchen wächst
und wird zur Frau,
der Junge wird ein Mann.

Werde ich auch mal ein Papa?
Werde ich auch mal eine Mama?

An deinem Körper ist alles noch ziemlich klein. Halte
deinen kleinen Finger neben Mamas kleinen Finger:
Er ist viel, viel kleiner.
Wenn du wächst – und das tust du ja jeden Tag –, werden alle
Teile an deinem Körper ein Stück größer. Aber sie verändern nicht
mehr ihre Form.
So ist es auch mit deiner Scheide, wenn du ein Mädchen bist,
und mit deinem Penis, wenn du ein Junge bist.

Was ich nicht mag

Jeder Mensch und jedes Tier hat seinen eigenen Körper. Dein Bauch, deine Hände und Beine gehören dir.

Der Igel hat seine eigenen Pfoten, seine eigenen Beine, seinen eigenen Bauch. Hier spielt er mit der Katze. Jetzt möchte die Katze etwas spielen, das dem Igel nicht gefällt. Er will lieber wieder für sich sein. Er rollt sich ein. Seine Stacheln sagen: Lass mich allein.

Auch du darfst dich einrollen. Du darfst sogar deine Stacheln aufstellen, wenn jemand etwas mit dir macht, was du nicht willst. Du darfst entscheiden, wer mit dir kuschelt: nur Menschen, die dich lieb haben und die du kennst.

Wenn man sich lieb hat

Genießt du es auch zu spüren: Jemand hat mich lieb?
Bestimmt tust du das. Du hast Papa oder Mama lieb.
Du kuschelst gerne mit ihnen. Stundenlang könnte Mama
dir den Rücken kraulen. Es ist ein so schönes Gefühl.

Auch Mama und Papa nehmen sich in den Arm, weil
sie sich lieb haben. Sie küssen und streicheln sich.
Das finden sie ebenso schön wie du.

Wenn Mama und Papa sich lieb haben

Am Körper von Mama und Papa ist etwas Besonderes. So wie deine Duplosteine ineinander passen, so passen ihre Körper gut ineinander, wenn Mama und Papa ganz nah zusammen schmusen.

Es ist so, als fände der eine beim anderen genau das Teil, das ihm gefehlt hat. Das macht Mama und Papa sehr glücklich. Mamas Körper und Papas Körper passen gut zusammen.

Wie ist das Baby in Mamas Bauch gekommen?

Wenn Mama und Papa so nah miteinander kuscheln, dann legt Papa etwas in Mamas Körper hinein. So ähnlich, wie wenn man einen kleinen Samen in einen Blumentopf hineinsät.

In Mamas Körper ist eine kleine Kugel, ein Ei. Das Ei ist viel kleiner als ein Hühnerei. Es ist sogar noch viel, viel kleiner als dein kleinster Fingernagel und hat weiche Wände.

Aus dem Samen im Blumentopf wächst ein Grashalm oder eine Blume. Das Ei in Mamas Bauch nimmt einen Samen auf, den Papa in Mamas Körper legt. Daraus wächst ein kleiner Mensch. So kommt ein Baby in Mamas Bauch.

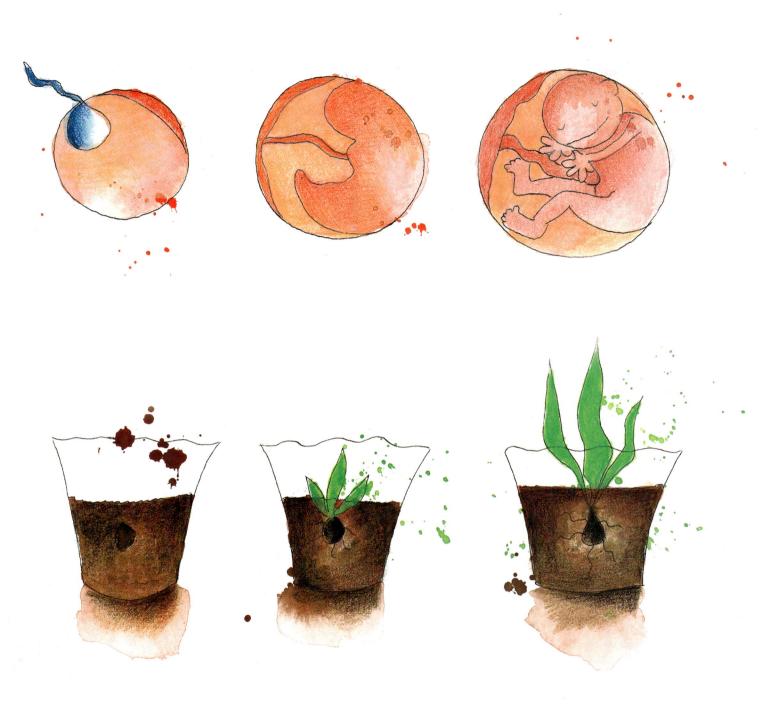

Wir warten aufs Baby

Wie eine Tafel Schokolade groß ist ein Baby, wenn es so lange in Mamas Bauch ist, wie es von Weihnachten bis zum nächsten Osterfest dauert. Und es bleibt noch einmal so lange in Mamas Bauch. Dort wächst es, bis es ungefähr halb so groß ist wie du.

Mamas Bauch wächst mit: Deine Kinderarme können ihn jetzt schon nicht mehr umfassen. Wenn das Baby ganz neu in ihrem Bauch ist, dann ist Mama oft schlecht – genau wie dir, wenn du mal spucken musst, auch ohne Baby im Bauch.

Wenn das Baby da drinnen schon ganz groß ist, tun der Mama vom Tragen die Beine weh und ihr Rücken schmerzt. Dann legt sie sich gerne immer mal wieder aufs Sofa zum Ausruhen.

Wie wohnt das Baby in Mamas Bauch?

Das Baby streckt die Beine,
es sind ja noch ganz kleine.
So federt es in seinem Reich,
schwimmt wie in einem
kleinen Teich.
Geschützt ist Babys Lebensraum
bei Schlaf und Spiel und Traum.

So kann das Baby schwimmen.
Es hört Musik und Stimmen,
wenn Mama singt und jemand
spricht.
Nur, wie du aussiehst,
weiß es nicht.
Auch deine Stimme kennt es wieder
und alle deine Lieblingslieder.

Das Baby kennt kein Sterngefunkel,
nur etwas Licht,
sieht Hell und Dunkel.
Was macht die Mama? Baby weiß:
Es schaukelt nichts,
es ist ganz leis –
dann liegt und schläft Mama
selbst gerade.
Aber Schaukeln ist so schön –
wie schade.

Es ist behütet und geborgen.
Die Nabelschnur kann's gut
versorgen.
Über sie wird's satt und
kann gedeihen.
Erst später wird's vor Hunger
schreien.
Unter Mamas Herzen dort
ist ein warmer, sicherer Ort.

Das Fäustchen hat es schon
entdeckt,
den Daumen in den Mund gesteckt
und turnt in Mamas Bauch.
Vielleicht spürst du's ja auch:
Fühl mal mit deiner Hand
von außen an der Wand.

Woher weiß das Baby, wann es rauskommen soll?

Lange ist der Raum in Mamas Bauch Babys Heimat gewesen. Lange hat Mamas Körper das Baby durch die Nabelschnur mit Nahrung versorgt. Nun wird es eng im Bauch. Wenn es groß und stark ist, drängt das Kind hinaus aus Mamas Bauch. Die Wände seines Zuhauses ziehen sich zusammen. Das spürt die Mama. Sie ruft eine Hebamme, also eine Geburtshelferin, oder fährt zur Geburt in ein Krankenhaus. Einige Zeit vergeht, die für Mama und Baby sehr anstrengend sein kann. Endlich kommt das Baby aus dem Körper seiner Mama heraus. Wie durch ein Märchentor tritt es in die Welt: Jedes Kind geht nur ein Mal hindurch und nie wieder zurück. Das Baby liegt sicher in Papas Arm. Mama ruht sich von der Geburt aus. Das Baby kommt so nah aus Mamas Bauch und doch von so weit her – wie der Himmel so weit.

Das Baby in seinem Körbchen

Das Baby darf, was ältere Geschwister nicht dürfen. Es darf einfach schreien, um zu sagen: Ich brauche etwas. Das hast du als Baby auch gedurft, weil du noch nicht sprechen konntest.

Das Baby schreit. Das kann heißen: Ich bin müde. Oder: Ich habe Hunger. Dabei hat es seine eigenen Zeiten und kann noch nicht wissen, ob Mama nicht gerade schlafen oder mit einem anderen Kind ein Puzzle machen will.

Das kleine Baby kann auch noch nicht essen wie du. Es trinkt nur Milch, aus der Flasche oder aus Mamas Brust. Am meisten braucht es viel Liebe und Menschen, die es tragen und fest halten.

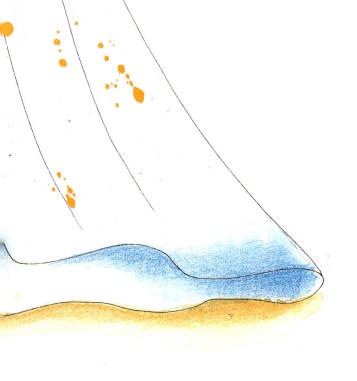

Zwei ist keiner zu viel

In einem Blumentopf wachsen manchmal auch zwei Grashalme, obwohl nur ein Samenkorn drin ist. Auch in Mamas Bauch kann so etwas Ulkiges passieren: Nicht nur ein Baby wächst da drinnen, sondern zwei Babys. Beide werden in Mamas Bauch groß, bis sie als Zwillinge geboren werden.

Ist das auch eine Familie?

Die meisten Babys sehen Mama oder Papa bald ähnlich. Wenn du eine Familie siehst, in der das Kind ganz anders aussieht als beide Eltern, dann ist das Kind wahrscheinlich von einer anderen Frau geboren worden. Doch diese Mutter war zu allein, zu arm oder zu krank, um dem Kind eine richtig gute Mama zu sein. Deshalb sagte sie vor der Geburt: Ich kann leider nicht für mein Baby sorgen. Mein Kind habe ich so lieb, dass ich ihm gute, gesunde Eltern wünsche.

Und dann gibt es Ehepaare, die sich nach einem Baby sehnen, aber selbst keines bekommen können. So ein Paar werden die Eltern vom Baby dieser Mutter. Die Frau und der Mann adoptieren das Baby. So nennt man es, wenn Ehepaare ein Baby als ihr eigenes annehmen.